Inhalt

Aufbruchsstimmung in der Offshore-Windbranche - Viel Sturm um wenig Wind?

Kernthesen

Beitrag

Fallbeispiele

Zahlen und Fakten

Weiterführende Literatur

Impressum

Aufbruchsstimmung in der Offshore-Windbranche - Viel Sturm um wenig Wind?

Anja Schneider

Kernthesen

- Die Bundesregierung hat zum Ziel gesetzt, bis zum Jahr 2030 eine installierte Offshore-Windenergieleistung von 25 000 Megawatt zu erreichen.
- Derzeit stehen von der bundesweit installierten Windkraftkapazität von über 27 000 Megawatt nur gute 200 Megawatt vor den Küsten von Nord- und Ostsee.
- Auch Dänemark, Großbritannien, Schweden, Frankreich, die Niederlande, Belgien und China investieren bereits in

Offshore Windanlagen oder haben entsprechende Pläne. Die deutsche Windbranche hofft auf gute Absatzchancen.

Beitrag

Deutsche Windbranche erholt sich

Im ersten Halbjahr 2011 wurden in Deutschland 356 Windenergieanlagen mit insgesamt 793 Megawatt Leistung neu installiert. Im Vergleich zum Vorjahr bedeutet dies eine Steigerung um 20 Prozent. Die gesamte installierte Leistung beläuft sich in Deutschland damit zur Jahresmitte auf 27 981 Megawatt, die von 21 917 Anlagen erzeugt werden. Die Hersteller erzielten im Gesamtjahr 2010 mit der Produktion von Windenergieanlagen in Deutschland einen Umsatz von knapp fünf Milliarden Euro. Die Exportquote lag bei 66 Prozent. Rund 96 100 Arbeitsplätze sind in Deutschland der Windbranche zu verdanken. Die Arbeitsplätze entstehen in der Komponentenfertigung, bei der Errichtung der Anlagen und im fortlaufenden Betrieb und Service. Der deutsche Markt hat mit 4,1 Prozent der Installationen und 4,9 Prozent der Investitionen nur noch einen kleinen Anteil am Weltmarkt, gibt der

Bundesverband Windenergie an. Der europäische Markt entwickle sich weitgehend stabil. Nach der Halbierung des US-Markts im vergangenen Jahr habe sich China mit 50 Prozent Zuwachs mit großem Abstand als weltweit stärkster Markt etabliert. Für deutsche Hersteller bleibe China aufgrund von Marktbarrieren ein schwieriges Terrain. Für das Gesamtjahr 2011 rechnen der Bundesverband Windenergie und VDMA Power Systems mit einem Plus auf dem Inlandsmarkt auf rund 1 800 MW gegenüber 1 551 MW im Vorjahr. (1)

Offshore Windenergie mit ehrgeizigen Zielen

Die Bundesregierung hat zum Ziel gesetzt, bis zum Jahr 2030 eine installierte Offshore-Windenergieleistung von 25 000 Megawatt zu erreichen. Diese Leistung entspricht der Kapazität von 20 bis 25 Kernkraftwerken. Der Anteil der auf See gewonnenen Energie an der Stromerzeugung soll dann bei voraussichtlich 15 Prozent liegen. In der ersten Jahreshälfte 2011 wurden fünf Windenergieanlagen mit einer Leistung von 25 Megawatt im Meer installiert. Damit waren Mitte 2011 insgesamt 54 Offshore-Windenergieanlagen mit einer Gesamtleistung von 210 Megawatt installiert. (1)

Der Wind an den deutschen Küsten der Nord- und Ostsee bläst ohne Frage kräftig. Kein Wunder also, dass künftig viel Strom mittels Offshore-Windenergieanlagen erzeugt werden soll. Doch bis die Ziele realisiert sind, muss die Offshore-Windindustrie noch kräftig in Fahrt kommen.

Aktueller Stand der Dinge: Alpha Ventus, BARD I und Baltic 1 angelaufen

Im ersten deutschen Offshore-Windpark (OWP), dem **Testfeld alpha ventus** in der Nordsee, wurden zwölf Offshore-Windenergieanlagen (OWEAs) der 5-Megawatt-Klasse errichtet und Anfang 2010 in Betrieb genommen. Bei erwarteten 3.800 Volllaststunden pro Jahr kann dieser OWP rund 50.000 Vier-Personen-Haushalte mit einem Stromverbrauch von jeweils 4.500 kWh pro Jahr versorgen. Die bis zu 180 Meter hohen OWEAs stehen ca. 45 Kilometer nördlich von der Nordseeinsel Borkum entfernt in bis zu 30 Meter tiefem Wasser. Weltweit liegen bislang keine Erfahrungen mit dem Bau und Betrieb von Offshore-Windparks in vergleichbarer Wassertiefe und in so großer Entfernung vor der Festlandküste vor. Das Konsortium DOTI der Betreibergesellschaften, bestehend aus E.ON Energy Projects GmbH, EWE AG und Vattenfall Europe New Energy GmbH, erwirbt die Anlagen vom Hersteller, pachtet den Standort im Testfeld und schließt Verträge über Wartung, Betrieb und die Fortentwicklung mit dem Hersteller ab. Der Übertragungsnetzbetreiber transpower stromübertragungs GmbH (ehemals E.ON Netz GmbH) stellt die 60 km lange Netzanbindung zum Anschlusspunkt Emden in Niedersachsen bereit. (2)

Ebenfalls in Betrieb sind der Windpark BARD Offshore I in der Nordsee und der EnBW Windpark Baltic 1 in der Ostsee. Die BARD Engineering GmbH treibt das Projekt **BARD Offshore** I. In der Nordsee, 126 km nordwestlich von Helgoland und 89 km nordwestlich der Insel Borkum, werden in einer Wassertiefe von rund 40 Metern 80 Windenergieanlagen mit jeweils fünf Megawatt vom Typ BARD 5.0 aufgestellt, verstreut über eine Fläche von ca. 60 Quadratkilometer. Der Bau hat im März 2010 begonnen. Der aktuelle Stand zählt 19 errichtete Anlagen, über 40 Fundamente sind errichtet, 16 Anlagen mit 80 Megawatt sind am Netz und speisen Strom ins Netz ein. Damit ist BARD Offshore I momentan der leistungsstärkste Hochsee-Windpark in Deutschland. Die BARD-Gruppe wurde 2003 gegründet; inzwischen sind an den Standorten Bremen, Emden, Cuxhaven und Groningen insgesamt fast 1 000 Mitarbeiterinnen und Mitarbeiter beschäftigt. (3)

Die EnBW Erneuerbare Energie GmbH realisiert in der Ostsee 16 km nördlich Darß/Zingst in einer Wassertiefe von 16 bis 10 Metern auf einer Fläche von etwa sieben Quadratkilometern 21 Windenergieanlagen im EnBW Windpark **Baltic 1**. Die Anlagen liefert Siemens, der Bau ist abgeschlossen, die Netzanbindung realisiert. Am 3. April 2011 hat die erste Windkraftanlage von EnBW Baltic 1 ihre erste kWh ins Netz eingespeist und den Probebetrieb aufgenommen.

Die Arbeiten für EnBW Baltic 2 haben begonnen. Ebenfalls in der Ostsee, rund 32 Kilometer nördlich der Insel Rügen, sollen 80 Siemens-Anlagen errichtet werden. Wenn alles fertig ist, kann EnBW Windpark Baltic 2 rund 340 000 Haushalte im Jahr mit grünem Strom versorgen.

Herausforderungen und Chancen für die Branche und andere Wirtschaftszweige

In den nächsten Jahren sollen noch viele weitere Windparks in der deutschen Nord- und Ostsee errichtet werden. Derzeit sind 21 Anlagen für die Nordsee genehmigt, vier für die Ostsee, viele andere befinden sich noch in der Planung. Bei seinem Offshore-Windunterfangen müssen Deutschlands Ingenieure und ihre internationalen Kollegen ihre hohe technologische Kompetenz unter Beweis stellen. Denn noch nie zuvor wurden Windparks in solchen Wassertiefen und Küstenentfernungen gebaut! In Deutschland werden die meisten Projekte in Wassertiefen von 20 bis 35 Metern und einer Küstenentfernung von deutlich über 30 Kilometern geplant. Das hat mit dem strengen Naturschutz zu tun, mit der küstennahen Schifffahrt, mit der Fischerei, dem Kiesabbau, der Marine und der Luftwaffe. Die ehrgeizigen Ziele der Bundesregierung können nur realisiert werden, wenn die notwendigen Infrastrukturen an Land und auf See geschaffen werden. Die Hersteller der benötigten Komponenten müssen in Produktionskapazitäten investieren. Auf Grund von Größe und Gewicht der Komponenten von Offshore Windenergieanlagen ist deren Transport an Land schwer möglich. Deshalb werden viele Einzelteile küstennah produziert. Bund, Länder und EU fördern diese Entwicklung.

Die maritime Infrastruktur muss ausgebaut werden. Deutschland braucht mehr Häfen mit höheren Transport- und Lagerkapazitäten (um beispielsweise die bis zu 700 Tonnen schweren Pfähle für Offshore-Windkraftanlagen - den sogenannten Monopiles - lagern zu können). Binnenwasserstraßen müssen eventuell vertieft werden. Unter anderem wurden in den letzten Jahren in den Ausbau der Offshore-Basis Cuxhaven über 80 Millionen Euro von Land und EU und mehr als 100 Millionen Euro von privater Seite investiert. In Deutschland haben etwa zehn weitere Häfen ausreichend Potenzial zur Verladung und Verschiffung von Großkomponenten, andere bieten sich stärker als Basishafen für Kontroll- und Wartungsarbeiten an. (4)

Fachkräfte müssen für den Einsatz auf hoher See ausgebildet und trainiert werden. Verschiedene Hochschulen haben Studien- und Ausbildungsangebote speziell mit Bezug zur Offshore-Windindustrie entwickelt. So können z. B. in Bremen jährlich 45 Studenten den Studiengang Maritime Technologien beginnen. (5)

Technische Unsicherheiten müssen überwunden werden. Tragfähige Finanzierungskonzepte müssen gefunden und mit zuverlässigen Partnern umgesetzt werden. Das Investitionsvolumen für den weiteren Ausbau der Offshore-Windenergie in der deutschen Nord-und Ostsee liegt bei bis zu 100 Milliarden Euro. Das bedeutet im Schnitt mehr als fünf Milliarden Euro pro Jahr. Spezialschiffe werden gebraucht, beispielsweise mehr Errichterschiffe auf See. Seekabel müssen versenkt werden. Das Stromnetz an Land muss verstärkt werden, viele zusätzliche Hochspannungsleitungen müssen übers Land gezogen werden.

Siemens ist Marktführer im Offshore Windbusiness

Unter den Windturbinen-Herstellern rangiert Siemens derzeit nur auf dem neunten Platz. Auf dem wachsenden Offshore-Markt gilt das Unternehmen allerdings als klare Nummer eins. Bis heute hat Siemens mehr als 600 Windturbinen mit einer Gesamtleistung von 1 800 MW in europäischen Gewässern installiert. Mit einem Auftragsbestand an Offshore-Windprojekten mit einer Gesamtleistung von 3 600 MW ist Siemens der klare Marktführer bei der Nutzung der Windenergie auf dem Meer. Zuletzt wurden die neuen SWT-6.0-120 Windturbinen speziell für Offshore-Windkraftwerke der Zukunft entwickelt. (6)

Ausland will ebenfalls in Offshore-Windparks investieren

Das Ausland blickt gespannt zu, wie sich die deutschen Offshore-Großanlagenprojekte auf hoher See realisieren werden. Dänemark, Großbritannien und Schweden sammeln bereits seit mehreren Jahren

Erfahrungen mit der Offshore Windenergie. Allerdings wurden bisher die Anlagen relativ küstennah (maximale Entfernung etwa 15 km) und in flacheren Gewässern (bis 12 m Tiefe) installiert. Ende 2002 wurde bei Horns Rev in Dänemark zum ersten Mal ein größerer Offshore-Windpark in der Nordsee errichtet. Auch dieses Projekt ist allerdings vergleichsweise küstennah (14 Kilometer), und die Wassertiefe beträgt wegen des dortigen Riffs weniger als 15 Meter. Diese Anlage liefert Erkenntnisse über das Verhalten von Windparks unter den - im Vergleich zur Ostsee - anderen und raueren Bedingungen in der Nordsee. Auch Frankreich, die Niederlande und Belgien planen neue Offshore-Windparks. Die deutsche Windbranche erhofft sich hieraus gute Absatzchancen. [Abb. 1], [Abb. 2] (7)

China hat ein Gesetz zur Förderung erneuerbarer Energien. In die Windkraft an Land wird bereits massiv investiert. Offshore-Projekte dürfen gemäß der vorläufigen Regelungen nur von rein chinesischen Unternehmen oder Firmen mit ausländischen Minderheitsbeteiligungen realisiert werden. Die erste größere Offshore-Anlage, das Donghai-Bridge-Projekt mit einer Leistungskapazität von 102 MW, ging im Juni 2010 in Betrieb. Siemens ist unter den Gewinnern für den Bau von 21 Windenergieanlagen beim Offshore-Projekt von Longyuan vor der Küste der Provinz Jiangsu und soll Turbinen liefern. Siemens hat ein Tochterunternehmen zur Rotorblattfertigung in Shanghai gegründet. (8)

In Japan tritt am 1. Juli 2012 das soeben verabschiedete Gesetz zur Förderung erneuerbarer Energien in Kraft. Investoren hoffen, dass sich Japan bei der Umsetzung dann auch für den Bau von Offshore-Windkraftanlagen entscheidet.

Fallbeispiele

Niedersachsen investiert gezielt in den Ausbau seiner Hafeninfrastruktur. Die private Wirtschaft will in diesem Jahr 340 Millionen Euro locker machen. Gearbeitet werden soll in den Häfen Brake (rund 23 Millionen Euro fließen bis 2012 in den Niedersachsenkai mit einem zweiten Großschiffsliegeplatz), Emden (über 90 Millionen Euro werden bis 2013 für den Neubau der Nesselander Schleuse sowie einen zusätzlichen Dalbenliegeplatz ausgegeben) und Wilhelmshaven (rund 30 Millionen Euro bis Ende 2011 für den Ausbau der Niedersachsenbrücke). In Cuxhaven werde derzeit der Offshore-Basishafen erweitert. (9)

Emden setzt schon seit Mitte der 90er Jahre auf die Windenergie. 2005 überzeugte Emden mit seinem Standortkonzept den Hersteller Bard (damals noch mit Sitz in Bremen) und dieser siedelte prompt nach

Emden um. Auch Enercon und die Tochtergesellschaft WEC Turmbau Emden produzieren mittlerweile im Emdener Hafen. (3)

Im neuen Bremerhavener Sicherheitstrainings-Zentrum des dänisch-norwegischen Sicherheitsunternehmens Falck Nutec lernen Offshore-Spezialisten das richtige Verhalten auf den künftigen Windkraft-Baustellen in der Deutschen Bucht. (10)

Die Automobilindustrie zeigt inzwischen reges Interesse daran, die Offshore Windenergie finanziell zu unterstützen. Im Mai hatte bereits die VW-Tochter Audi angekündigt, sich am Bau von Windparks auf hoher See zu beteiligen. Jetzt ließ auch der Wolfsburger Automobilhersteller Volkswagen mitteilen, dass er ins Windgeschäft einsteigen wolle. (11)

Zahlen & Fakten

Abbildung 1: Top Meeres-Windparkprojekte und ihre Eigentümer 2011

	Größe in	Anlagen	Parkleistung

Anlage	Eigentümer	Quadrat-km	Anzahl	in Megawatt
Baltic 2	EnBW	27	80	288
Borkum West II (Phase 1)	Trianel	28	40	200
MEG Offshore 1	Windreich	46	80	400
Global Tech I	Global Tech 1 Offshore Wind	43	80	400
Dan Tysk	Dong Energy	66	80	288
He dreiht	EnBW	62	80	400
EnBW Hohe See	EnBW	42	80	400
Borkum Riffgat	EWE	6	30	108
Nordsee Ost	RWE	36	48	288
Nordergründe	Energiekontor	6	18	90
Delta Nordsee 1	E.On	17	48	288
He dreiht II	EnBW	15	28	140
Nördlicher Grund	Renewable Energy Systems	42	64	320
God Wind II	PNE	66	84	252
Veja Mate	Bard	50	80	400

Quelle: wind:research

Entnommen aus: Wirtschaftswoche, 20/2011, S. 112 (12)

Abbildung 2: Top Meeres-Windparkprojekte nach Investitionssumme 2011

Anlage	Investitionssumme in Millionen Euro	Versorgte Haushalte Anzahl	Geschätzte Einnahmen nach 20 Jahren in Millionen Euro	Voraussichtliche Inbetriebnahme Jahr
Baltic 2	750	370000	3888	2013
Borkum West II (Phase 1)	1100	260000	2700	2013
MEG Offshore 1	1400	510000	5400	2014
Global Tech I	1400	510000	5400	2014
Dan Tysk	900	370000	3888	2014
He dreiht	750	510000	5400	2015
EnBW Hohe See	1300	510000	5400	2015
Borkum Riffgat	480	140000	1458	2014
Nordsee Ost	1000	370000	3888	2014
Nordergründe	300	120000	1215	2015
Delta Nordsee 1	500	370000	3888	2015

He dreiht II	545	180000	1556	2016
Nördlicher Grund	1250	410000	4320	2015
God Wind II	500	320000	3402	2016
Veja Mate	750	510000	5400	2017

Quelle: wind:research

Entnommen aus: Wirtschaftswoche, 20/2011, S. 112 (12)

Weiterführende Literatur

(1) Deutsche Windindustrie - Märkte erholen sich
aus CHEManager 5/2011

(2) Testfeld Alpha Ventus. Deutschlands erster Windpark auf dem Meer
aus CHEManager 5/2011

(3) Ein Mekka für Windkrafttechnik
aus DVZ, Nr. 105 vom 01.09.2011

(4) Energiewende braucht neue Häfen
aus energate vom 13.09.2011

(5) Factsheet Zahlen und Fakten zur Offshore-

Windenergie
aus energate vom 13.09.2011

(6) Wind ernten Siemens Energy hat den ersten Prototyp seiner neuen Generation von Offshore-Windenergieanlagen im dänischen Høvsøre errichtet, der Testbetrieb läuft.
aus KOPRA Nr. Spezial vom 01.09.2011

(7) Internationale Projekte
aus KOPRA Nr. Spezial vom 01.09.2011

(8) Branche kompakt Spezial - Solarenergie und Windenergie - VR China, 2011
aus de.init.bfai.fachdb.model.Mkt

(9) Niedersachsen stärkt Hafenstandorte
aus DVZ, Nr. 108 vom 08.09.2011

(10) Gut geschult für den luftigen Einsatz
aus DVZ, Nr. 107 vom 06.09.2011

(11) Volkswagen steigt ins Windgeschäft ein
aus energate vom 26.08.2011

(12) D, Europa: Top Projekte für Meeres-Windparks 2011
aus Wirtschaftswoche, 20/2011, S. 112

Impressum

Aufbruchsstimmung in der Offshore-Windbranche - Viel Sturm um wenig Wind?

Bibliografische Information der deutschen Nationalbibliothek

Die Deutsche Nationalbibliothek verzeichnet diese Publikation in der deutschen Nationalbibliografie; detaillierte bibliografische Daten sind im Internet über http://dnb.d-nb.de abrufbar.

ISBN: 978-3-7379-2376-7

© 2015 GBI-Genios Deutsche Wirtschaftsdatenbank GmbH, Freischützstraße 96, 81927 München, www.genios.de

Alle Rechte vorbehalten. Dieses Werk ist einschließlich aller seiner Teile – z.B. Texte, Tabellen und Grafiken - urheberrechtlich geschützt. Jede Verwertung außerhalb der Grenzen des Urheberrechtsgesetzes bedarf der vorherigen Zustimmung des Verlags. Dies gilt insbesondere auch für auszugsweise Nachdrucke, fotomechanische

Vervielfältigungen (Fotokopie/Mikroskopie), Übersetzungen, Auswertungen durch Datenbanken oder ähnliche Einrichtungen und die Einspeicherung und Verarbeitung in elektronischen Systemen.